Uriage
1894

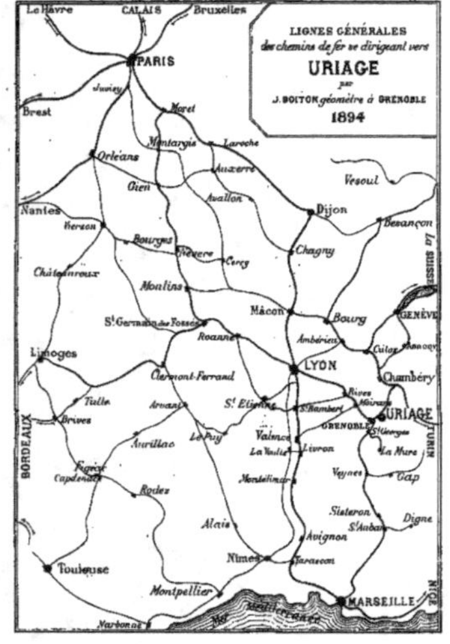

Le Havre
CALAIS
Bruxelles
PARIS
Juvisy
Maret
Brest
Orléans
Montargis
Laroche
Oien
Auxerre
Vesoul
Avallon
Nantes
Berçon
Dijon
Besançon
Bourges
Nevers
Chagny
Cercy
Châteauroux
Moulins
Mâcon
Bourg
St Germain des Fossés
Ambérieu
GENÈVE
Limoges
Roanne
LYON
Culoz Annecy
Chambéry
Clermont-Ferrand
Rives
St Étienne
URIAGE
Tulle
Arvant
Chambéry
Moirans
GRENOBLE
St Georges
Brives
Le Puy
Valence
Livron
La Mure
BORDEAUX
Aurillac
La Voulte
Veynes
Gap
Figeac
Rodez
Montélimar
Capdenac
Sisteron
St Auban
Digne
Alais
Avignon
Toulouse
Nîmes
Tarascon
Montpellier
MARSEILLE
Narbonne
Mer
LIGNES GÉNÉRALES
des chemins de fer se dirigeant vers
URIAGE
par
J. BOITON géomètre à GRENOBLE
1894

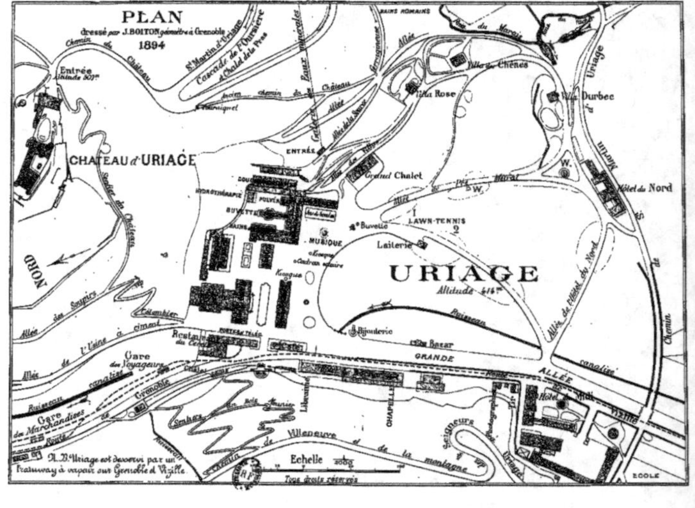

PLAN
dressé par J. BOITON géomètre à Grenoble
1894
BAINS ROMAINS
Entrée
Altitude 507m
St Martin d'Uriage
Cascade de l'Ouvière
Chalet de la Praz
Villa des Chênes
CHATEAU d'URIAGE
Villa Rose
Villa Durbec
Grand Chalet
ENTRÉE
Hôtel du Nord
NORD
ÉTABLISSEMENT
SUVETTE
Buvette
LAWN-TENNIS
BAINS
Buvette
MUSIQUE
Laiterie
URIAGE
Altitude 414m
Bijouterie
Bazar
GRANDE
Route de Chamrousse
Gare des Voyageurs
Gare des Marchandises
ALLÉE
CHAPELLE
Villeneuve et de la montagne
Hôtel du Midi
Échelle
Tous droits réservés
ÉCOLE
L'D Uriage est desservi par un Tramway à vapeur sur Grenoble et Vizille

GUIDE

DU BAIGNEUR & DU TOURISTE

A URIAGE

LE PAYS

’ÉTABLISSEMENT d’Uriage, à 12 kilomètres de Grenoble, est situé dans une des vallées les plus pittoresques du département de l’Isère, au pied du versant occidental des Alpes Dauphinoises.

Le chemin de fer met Uriage en relation directe avec le reste de la France et les principales villes de l’Etranger. La première station, en quittant Grenoble, est Gières-Uriage (6 kilomètres); un tramway à vapeur, actuellement en construction, reliera, dans le courant de l’été, l’Etablissement d’Uriage à Grenoble. Pendant ce court trajet, on a constamment sous les yeux un panorama grandiose de montagnes, dont la cime la plus élevée (2,981 mètres) est le pic de Belledonne, qu’escaladent chaque année de nombreux touristes.

En quittant Gières, la route suit une petite vallée latérale perpendiculaire à la vallée du Graisivaudan (vallée de Sonnant) où la route serpente à travers les nombreux détours des montagnes en suivant des pentes douces. habilement ménagées, le long d'un torrent dont les eaux s'écoulent sur un lit de roches schisteuses.

Un peu avant d'arriver au hameau de Sonnant, l'horizon s'élargit et on a en face de soi les sommets alpestres, dont la sombre verdure des sapins rend plus saisissantes encore les cimes escarpées et dénudées qui forment le vaste cirque dans lequel tombe la cascade de l'Oursière. Plus à droite est Chamrousse (2.250 m.). dont le sommet est un but fréquent d'excursions.

La route débouche ensuite dans la vallée de Vaulnaveys, qui se dirige du nord au midi. Elle est dominée, au nord. par le château d'Uriage. au pied duquel se trouve l'Etablissement des bains (414 m.), construit sur l'emplacement des anciens thermes romains. Cette vallée a 9 kilometres de longueur, elle s'étend, au midi. jusqu'au bourg et au château de Vizille.

URIAGE ANCIEN

Les Romains avaient de bonne heure apprécié l'utilité des bains, tant sous le rapport hygiénique que thérapeutique. aussi créèrent-ils des stations thermales partout où ils trouvaient des sources susceptibles d'être aménagées en vue de cette double destination. Telle est sans doute l'origine romaine des thermes d'Uriage, ainsi qu'en témoignent les nombreux débris de l'ancien établissement mis à découvert à différentes époques. Ainsi, sur l'emplacement des bains actuels et surtout au niveau de la source ferrugineuse, le sol est sillonné. dans une étendue considérable, de pans de murailles et de débris de constructions ayant évidemment appartenu autrefois à un établissement de bains. Lors des premières fouilles, on mit à jour un aqueduc voûté. enduit à l'intérieur d'une espece de stuc. tellement solide. qu'on ne put l'enlever qu'en le brisant à coups de marteau. On trouva aussi à la même époque plusieurs piscines faites avec un béton composé de chaux, de brique pilée et de petits cailloux. On voit encore les restes de l'une d'elles, à l'entrée de l'une des galeries qui sert au captage des eaux ; elle ne mesurait pas moins de 8 metres de côté. trois gradins permettaient d'y descendre.

Outre les piscines, on a trouvé de nombreux fragments de briques et de tuiles dont les inscriptions indiquent qu'elles dateraient du premier siecle de notre ère.

A côté de ces débris et d'*ex-roto* en plomb, on découvrit. en 1836. dans les ruines des thermes romains. trois petites statuettes en bronze de 25 à 35 centimètres de hauteur, d'un bon style et dans un remarquable état de conservation.

Mais l'objet le plus intéressant fut un *hypocauste* offrant une surface de pres de 65 centimetres d'étendue en largeur et en profondeur. et de plus de 30 centimètres de hauteur.

Il est probable que ce fourneau servait à chauffer l'eau minérale, et cela avec d'autant plus de raison que. antérieurement. on avait déjà découvert une construction analogue placée sous une piscine.

On peut induire de la, qu'autrefois, comme

de nos jours, la température de l'eau d'Uriage avait besoin d'être élevée artificiellement.

La plupart des objets recueillis dans ces fouilles ont été transportés au château.

M. de Saint-Ferriol a publié, dans le tome III du *Bulletin de statistique du département de l'Isère*, une note détaillée sur ces intéressants débris du temps passé.

Cette année, on a repris les fouilles commencées autrefois (1844). On a découvert, au-dessous de la source ferrugineuse, à peu de distance de la grande piscine indiquée ci-dessus, une autre piscine romaine avec gradins dont les murs sont encore en grande partie très bien conservés. Ces fouilles seront continuées dans tout ce massif et on arrivera certainement à reconstituer une partie de l'établissement romain qui s'étendait jusqu'à l'endroit où se trouve actuellement l'Ancien Hôtel.

URIAGE MODERNE

A l'exception des témoignages de l'époque romaine, fournis par les débris dont il vient d'être question, l'histoire d'Uriage tient peu de place dans le passé. Guy-Allard (*Dictionnaire historique et géographique*, 1684), Guétard (*Minéralogie du Dauphiné*, 1779), le Dr Nicolas (*Histoire des épidémies de la province du Dauphiné*, 1781), Carrère (*Catalogue raisonné des eaux minérales*, 1795), se bornent à mentionner les eaux d'Uriage en donnan quelques renseignements sur leur nature et leur composition.

Ce n'est qu'en 1820 qu'on trouve la trace de recherches sérieuses sur l'aménagement et l'emploi de ces eaux minérales. Mais c'est de 1823 que date la véritable renaissance des thermes d'Uriage, dont l'importance et la juste renommée n'ont fait que s'accroître depuis cette époque.

Ce fut Mme la marquise de Gautheron, propriétaire de la source d'Uriage, qui jeta, en 1820, les premiers fondements de l'Etablissement thermal, mais c'est à M. le comte de Saint-Ferriol, son neveu et son héritier, que revient l'honneur d'avoir fait d'Uriage l'importante station balnéaire que l'on voit aujourd'hui.

Depuis la mort de M. Louis de Saint-Ferriol, son frère, M. Emmanuel de Saint-Ferriol, avait pris la haute direction de l'Etablissement : et il y avait consacré le même dévoûment et la même abnégation que son prédécesseur. Aussi, grâce à son impulsion, Uriage n'a-t-il cessé de se développer. La famille reste en possession de l'Etablissement.

SOURCES D'URIAGE.

ES Sources minérales d'Uriage sont de deux espèces : l'une, la source saline et sulfureuse, est celle qui alimentait les thermes romains, celle aussi qu'on emploie pour les bains actuels. Elle réunit les propriétés des eaux chlorurées fortes et des eaux sulfureuses. *C'est une eau sulfureuse purgative.* A tous ces titres elle présente des avantages incontestables dont l'importance ne saurait échapper.

ANALYSE PAR M. LEFORT

Un litre d'eau d'Uriage contient :

Azote à 0 degré et à.....760ᵐᵐ....	19°°,5		
Acide carbonique libre	3 2	ou	0.0062
— sulfhydrique....	7 4443	ou	0.1108
Chlorure de sodium...............			6.0567
— de potassium....			0 4088
— de lithium			0.0073
— de rubidium......... ..			{.....impondérable
Iodure de sodium.....			
Sulfate de chaux.................			1.5205
— de magnésie.......... ...			0.6048
— de soude..			1 1875
Bicarbonate de soude			0 5555
Hyposulfite de soude			indices
Arséniate de soude			0.0021
Sulfure de fer........			impondérable
Silice.......			0 0.90
Matière organique...............			indices
			10.4262

L'eau, à son émergence du rocher, a une tempé rature constante de 27°25. Elle est amenée à l'éta

blissement dans une conduite en plomb faisant
syphon, qui lui conserve toute sa chaleur et son
gaz.

La Source ferrugineuse contient une notable proportion de fer. Elle est utilisée en boisson seule-
ment, soit pure, soit coupée avec le vin aux repas

MALADIES TRAITÉES A URIAGE [1]

Au nombre des maladies traitées avec succès à
Uriage, il faut citer :

Les affections de la peau (l'eczéma, l'acné, le pso-
riasis, les éruptions furonculeuses, le prurigo, le
lichen, l'urticaire, la scrofulo-tuberculose de la peau
et des muqueuses, le lupus, l'herpès récidivant,
etc.) : le lymphatisme, la scrofulose, dont les mani-
festations si variées sont de tout point justiciables
de ces eaux ; à ce titre, elles s'adressent en premier
lieu à tous ces enfants *lymphatiques, scrofuleux,
anémiés, délicats,* qui s'enrhument facilement, sont
sujets aux bronchites ; à ceux, lymphatiques aussi
et prédisposés aux inflammations de l'appareil oculaire, des oreilles, des fosses nasales (le coryza
chronique, l'ozène, sont souvent très heureusement
modifiés) ; en second lieu, à ceux affectés d'engorge-

(1) Voir *Etudes sur les Eaux minérales d'Uriage,* par le docteur Gerdy, ancien inspecteur de ces eaux *Uriage et ses Eaux
minérales* (2ᵉ édition, 1884), par le docteur Doyon, inspecteur
actuel.

Uriage-les-Bains, par le docteur Doyon. Lyon. 1889.

ments ganglionnaires du cou, d'affections des articulations. des os ; c'est surtout dans ces cas bien spécifiés que les eaux d'Uriage, en raison de leur composition chlorurée sodique sulfureuse, peuvent être considérées comme de *véritables bains de mer sulfureux en montagne.*

C'est particulierement en qualité de reconstituantes, de modificatrices de l'économie. dans le sens d'un nisus régénérateur. que ces eaux réussissent et sont indiquées au même degré chez les enfants prédisposés héréditairement à la phtisie (par contre. une fois la tuberculose pulmonaire déclarée. elles sont formellement contr'indiquées).

Outre la médication principale, l'eau minérale en boisson et en bain, il est encore un ensemble d'agents naturels, à influence aussi continue que doucement exercée, dont l'emploi raisonné et méthodique fait de cette station le séjour préféré des catégories de jeunes sujets que nous venons de passer en revue ; c'est d'abord une eau ferrugineuse dont la source est presque à côté de l'établissement thermal ; c'est aussi une altitude. modérée, mais dont l'effet est on ne peut plus sensible, un climat salubre, l'air des montagnes, des promenades faciles, des excursions variées ; enfin, tout ce qui peut utilement concourir à la régénération d'un organisme débilité ou atteint de lymphatisme, de scrofulose.

A côté de ces affections. inscrivons encore, comme modifiés favorablement par Uriage, les états suivants :

Le rhumatisme, les lésions articulaires, la coxalgie, affections qui, à des degrés divers, sont justiciables de ces eaux, mais de préférence s'il s'agit de sujets délicats, lymphatiques, scrofuleux, anémiés.

Il en est de même des affections utérines, surtout lorsque les malades présentent les indications générales signalées ci-dessus, même en dehors de tout état morbide; ainsi Uriage rend chaque jour des services signalés chez les jeunes filles mal réglées ou retardées dans leur développement, ainsi que chez les femmes arrivées à l'âge critique qui, plus que les autres, à ce moment difficile, sont exposées à des localisations morbides (éruptions de diverses natures, prurit, leucorrhée, etc.).

N'oublions point les affections syphilitiques qui trouvent à Uriage une médication parfaitement appropriée. Les eaux sulfureuses et salines de cette source sont en effet un auxiliaire puissant de la médication spécifique, elles favorisent son action et permettent d'élever les doses de mercure sans que les malades en soient incommodés. Elles constituent aussi un criterium précieux toutes les fois qu'il y a lieu de faire ce qu'on appelle un traitement d'épreuve.

TRAITEMENT

L'eau d'Uriage est employée sous les formes les plus variées :

EN BOISSON, — elle constitue, à la dose de *quatre à six verres*, un purgatif excellent, ne déterminant ni coliques, ni irritation ;

A FAIBLE DOSE, — *à dose dite altérante, un* ou

deux verres par jour, — elle stimule les fonctions digestives, la sécrétion urinaire, excite et maintient l'appétit et agit favorablement sur la nutrition.

Bains. — Les bains peuvent se prendre avec l'eau minérale pure ou mitigée d'eau douce en toute proportion. Il existe aussi des cabinets pour douches locales de toute espèce, d'autres avec bains de siège, douches ascendantes, etc.

Douches. — Les douches sont un moyen énergique de traitement dans bon nombre de maladies chroniques. Il y a des douches chaudes, chaudes et froides (alternées, écossaises), dont on peut graduer les températures à volonté, suivant les indications des médecins.

La *grande douche* a 8 metres de pression. Elle comprend 8 hectolitres. Elle est administrée avec des ajutages variés suivant les effets qu'on veut obtenir.

La *douche locale* ou demi-douche contient 4 hectolitres.

Les douches sont accompagnées de *massage*, qui est le complément presque indispensable de cette medication.

Bains de vapeur. — Ils sont installés dans une des salles du pavillon d'hytrothérapie.

Inhalation. — Une salle est affectée à ce mode de traitement qui, ici, s'adresse surtout aux affections catarrhales chroniques des bronches, à certaines formes d'asthme.

Pulvérisation. — Deux salles sont consacrées

à ce genre de médication, renfermant vingt-deux appareils pulvérisateurs. La pulvérisation avec l'eau d'Uriage donne d'excellents résultats dans certaines affections de la face (eczéma, acné, acné rosée, etc.), de l'appareil oculaire (blépharite ciliaire, conjonctivite granuleuse. pustuleuse, etc.), du pharynx (pharyngite granuleuse. etc.), des oreilles (eczéma du conduit auditif externe, otorrhée chronique, etc.)

Médication par gargarismes, irrigations naso-pharyngiennes. — Derrière la buvette et en communication directe avec elle se trouve une salle dans laquelle sont installés des cuvettes à eau courante pour les gargarismes, et les appareils pour les irrigations nasales.

Hydrothérapie. — Cette médication possède, à son usage, un pavillon spécial. Il renferme les principaux appareils employés aujourd'hui dans le mode de traitement par l'eau froide.

EAU D'URIAGE EN LOTIONS

Cette eau est utilisée avec succès en applications locales.

C'est un très bon topique qui, dans bon nombre de cas, peut modifier les plaies, certaines maladies de la peau et calmer les démangeaisons.

SAISON

L'Etablissement ouvre le 15 mai et ferme le 15 octobre.

ÉTABLISSEMENT THERMAL D'URIAGE

L'Etablissement thermal proprement dit comprend :

1o La buvette, avec galerie et promenoir couvert;
2o Les bains des femmes et ceux des enfants ;
3o Les bains des hommes :
4o Les douches des femmes :
5o Les douches des hommes :
6o Le bain de vapeur ;
7o Une salle d'inhalation chaude ;
8o Une salle de pulvérisation pour hommes ;
9o Une salle de pulvérisation pour femmes ;
10o Une salle d'hydrothérapie ;
11o Une salle de gargarisme et d'irrigation naso-pharyngienne.

Les douches des femmes sont précédées d'une vaste galerie vitrée.

Les parois des cabinets et celles des vestiaires sont revêtues de plaques de faïence.

BAINS & DOUCHES

TARIF DES BAINS ET DOUCHES

Bain (une serviette comprise)	Du 15 mai au 15 juin .... Du 16 septembre au 15 octobre		1 25
	Du 16 juin au 15 septembre	matin de 5 h. à 6 h................	1 25
		— de 6 h. à midi..............	1 50
		soir de 1 h. 1/2 à 5 h. 1/2............	1 50
		— de 5 h. 1/2 à 6 h. 3/4............	1 25

Bains avec cabinets de toilette, pour Dames.	2	»
Bains d'Enfants, une serviette comprise......	1	»
Bains de pieds	»	50
Bain de siège simple........................	»	75
Bain de siège en lame, avec Douche ascendante	1	»
Grande Douche.............................	2	»
Demi-Douche et Douche locale..............	1	50
Douche faciale dans le bain.................	1	»
Douche d'injection , prise dans le bain....	0	50
Douche nasale	»	30
Bain de vapeur.............................	2	»
Porteurs	»	30

SALLE D'INHALATION

La Séance (une serviette comprise)........... 1 »

SALLE DE PULVÉRISATION

La Séance de 45 minutes, un peignoir et une
serviette compris........................... 1 50

SALLE D'HYDROTHÉRAPIE

La Séance .... 1 »

LINGE POUR BAINS ET DOUCHES

Un fond de bain............................. » 20
Un peignoir................................. » 20
Une serviette............................... » 10
Pour douches : une couverture............... » 50
—   un drap.................. ...... » 30

BAINS A DOMICILE

Grand Bain.................................. 3 »
Bain d'Enfant. 1 60
Bain de pieds............................... » 90

EAU MINÉRALE

PRISE SUR PLACE EN BOISSON

Abonnement pour la saison................... 6 »
La série de dix verres....................... » 80

Prix de l'Eau minérale en bouteille

PRISE A L'ETABLISSEMENT

(Verre non compris.)

Un litre..................................... » 40
Un demi-litre .... » 25
Un quart de litre............................ » 15

(Verre compris.)

Une bouteille,   goudronnée .... » 60
Une demi-bouteille.   —   .... » 40
Un quart de bouteille.   —   .... » 30

SERVICE GRATUIT

Pour être admis au bénéfice de la gratuité, les malades doivent être porteurs : 1º d'un certificat d'indigence délivré par le Maire de leur commune; 2º d'un extrait du rôle des contributions, signé du Percepteur et visé par le Maire de leur commune, attestant qu'ils payent moins de 15 francs d'impôt.

Les Indigents sont admis du 15 mai au 30 juin et du 1er septembre au 15 octobre.

HOTELS MEUBLÉS

Sous la Direction de l'Etablissement

GRAND HOTEL — HOTEL DU CERCLE

ANCIEN HOTEL

HOTEL DES BAINS — GRAND CHALET

VILLAS MEUBLÉES

APPARTEMENTS POUR FAMILLES[1]

RESTAURANTS et CAFÉS

de premier ordre

SITUÉS DANS LA COUR DE L'ÉTABLISSEMENT

[1] Un tableau affiché dans chaque Hôtel indique le prix de chaque chambre, suivant la saison.

GRAND HOTEL

AVIS IMPORTANT

Prix du Service : Rez-de chaussée .... » 50 c
    —   1er étage, 2e étage, 3e étage............... » 50
    —   4e étage ... . » 25

Transport des Bagages. — 25 centimes par malle, du bureau des omnibus a l'hôtel et *vice versa*.

Le service et le transport des bagages étant perçus par les soins de l'hôtel, l'Administration a l'honneur de prévenir Messieurs les Etrangers qu'ils ne doivent aucun pourboire au personnel

Faute de prévenir la veille la femme de charge, on payera la journée du départ.

Ce reglement, concernant le prix du service, le transport des bagages et la journée du départ, est le même pour tous les autres hôtels gérés par l'administration des Bains (Ancien Hôtel. Hôtel du Cercle. Hôtel des Bains. Bains neufs, Pavillon de respiration). pour ces quatre derniers hôtels. le prix du service est de 0,25 cent.; les appartements du Chalet et les villas (villa Rose, villa Durbec et villa des Chenes).

PRIX DES CHAMBRES

Du 15 mai au 30 juin et du 1er septembre au 15 octobre .... de 2 fr. à 4 fr. 50
Du 1er juillet au 31 août....... de 3 fr. 50 à 7 fr.

HOTEL DU CERCLE

PRIX DES CHAMBRES

Du 15 mai au 30 juin et du 1er septembre au 15 octobre .... de 1 fr. 50 à 7 fr.
Du 1er juillet au 31 août........ de 4 fr. à 10 fr.

ANCIEN HOTEL

PRIX DES CHAMBRES

Du 15 mai au 30 juin et du 1er septembre au 15 octobre...................... de 3 fr. 50 à 5 fr. 50
Du 1er juillet au 31 août..... de 5 fr. à 8 fr.

HOTEL DES BAINS

PRIX DES CHAMBRES

Du 15 mai au 30 juin et du 1er septembre au 15 octobre...................... de 1 fr. à 2 fr. 50
Du 1er juillet au 31 août....... de 2 fr. à 5 fr.

BAINS NEUFS

PRIX DES CHAMBRES

Du 15 mai au 30 juin et du 1er septembre au 15 octobre...................... de 0 fr. 75 à 1 fr. 75
Du 1er juillet au 31 août..... de 1 fr. 50 à 3 fr.

PAVILLON DE RESPIRATION

PRIX DES CHAMBRES

Du 15 mai au 30 juin et du 1er septembre au 15 octobre....................... de 0 fr. 50 à 3 fr.
Du 1er juillet au 31 août....... de 0 fr. 75 à 5 fr.

APPARTEMENTS DU CHALET

PRIX DES CHAMBRES

Désignation des Pièces	Commencement et fin de la Saison	Du 1er juillet au 31 août

APPARTEMENT **A**

Désignation des Pièces	Commencement et fin de la Saison	Du 1er juillet au 31 août
Salon Salle à manger Cuisine 3 Chambres	14 fr.	25 fr.

APPARTEMENT **B**

Désignation des Pièces	Commencement et fin de la Saison	Du 1er juillet au 31 août
Salon Salle à manger Cuisine 4 Chambres	15 fr.	28 fr.

APPARTEMENT **C**

Désignation des Pièces	Commencement et fin de la Saison	Du 1er juillet au 31 août
Salon Salle à manger Cuisine et cave 4 Chambres	15 fr.	28 fr.

Désignation des Pièces	Commencement et fin de la Saison	Du 1er juillet au 31 août
APPARTEMENT D		
Salon............................ Salle à manger .... Cuisine et cave................... 4 Chambres......................	12 fr.	25 fr.
APPARTEMENT E		
Salon............................ Salle à manger .... Cuisine et cave................... 6 Chambres......................	20 fr.	35 fr.

VILLAS

Désignation des Pièces	PRIX au Commencement et à la fin de la Saison	PRIX Du 1er juillet au 31 août
## VILLA ROSE		
1 Salon 1 Salle à manger 1 Cuisine et cave 6 Chambres à coucher	22 fr.	40 fr.
## VILLA DURBEC		
1 Salon 1 Salle à manger 1 Cuisine et cave 9 Chambres à coucher	25 fr.	42 fr.
## VILLA DES CHÊNES		
1 Salon 1 Salle à manger 1 Cuisine, cave et office 10 Chambres à coucher	30 fr.	45 fr.

Pour une location comprenant toute la saison on traitera de gré à gré. S'adresser au Directeur de l'Etablissement thermal.

LE CASINO

On a construit un nouveau Casino, comprenant un Théâtre, un grand Hall, dans lequel seront données, pour les enfants, des représentations de Guignol, d'ombres chinoises, etc., et de nouvelles salles de jeu et de billard. Salon de conversation, Salle de lecture, etc.

TOUS LES JOURS :

Spectacle, Bal ou Concert.
Musique dans le Parc deux fois par jour.
Récréations enfantines.
Lawn tennis.

L'abonnement au Casino pour la durée de la saison est de 30 fr. pour les hommes et de 20 fr. pour les dames. Les enfants de 10 ans, demi-abonnement. Cet abonnement donne droit aux Représentations dramatiques, Concerts, aux Bals, au Salon de lecture. On peut s'abonner au Casino également pour la durée de la saison, mais sans avoir droit aux représentations théâtrales, au prix réduit de 15 fr. pour les hommes et de 10 fr. pour les dames. Les personnes de passage, qui désirent assister à un Bal ou à une Soirée, peuvent obtenir un billet d'entrée moyennant 3 fr. Il y a Bal le Jeudi et le Dimanche, et, les autres jours, Spectacle ou Concert.

On trouve, dans le Casino, les boissons, glaces et rafraîchissements nécessaires.

L'entrée des Salons du Cercle est exclusiveme
réservée aux membres permanents ou temporaire
La présentation est obligatoire.

SERVICE RELIGIEUX

Le culte catholique est régulièrement organis
Les affiches. placées à la porte de la chapel
dans le vestibule du *bureau des bains* et dans l
hôtels, indiquent l'heure des offices.

Le culte protestant est célébré tous les dimanch
dans une pièce convenable disposée au grand Ch
let. Une affiche placée dans chaque hôtel en indiq
l'heure.

TÉLÉGRAPHE

Le bureau est ouvert toute l'année. du 1er octob
au 31 mai, de 8 h. du matin à 2 h. du soir. et
4 h. à 6 h. du soir : du 1er juin au 30 septembre,
7 h. du matin à 9 h. du soir.

POSTE AUX LETTRES

Le bureau est ouvert toute l'année : du 1er oc
bre au 30 avril. un courrier : du 1er mai au 30 c
tobre, trois courriers par jour.

Les heures de départ et d'arrivée du courrier. au
que les modifications qui pourraient leur être app
tées par l'administration des postes dans le cou

de la saison, sont portées à la connaissance du public par des avis affichés dans les hôtels de l'Etablissement.

LES COLLECTIONS [1]

Les collections rassemblées par M. le comte de Saint-Ferriol ont été décrites dans une brochure publiée chez Xavier Drevet, libraire à Grenoble et à Uriage. sous le titre : *Les Thermes et le Château d'Uriage*. Nous nous bornerons à signaler ici quelques-unes des principales pièces qu'elles renferment et qui ont été trouvées à Uriage même :

Apollon Cytharède, magnifique statuette de 0.35 de hauteur. Il tient à sa main droite le plectrum, instrument avec lequel on faisait vibrer les cordes de la lyre qu'il devait porter de la main gauche, malheureusement absente.

Bacchus enfant. charmante statuette de 0.27 de hauteur.

Autre statuette de 0,32 de hauteur. légerement drapée.

Fragments de briques, de mosaïques. de verres, de poteries de toute espèce.

Médailles romaines trouvées à Uriage.

Tuyaux en plomb, qui amenaient l'eau de la source aux piscines.

Nombreux *ex-voto* en plomb, que les malades guéris à Uriage déposaient, en partant. dans le sanc-

---

(1) **Visite, le vendredi, de 2 à 5 heures.**

tuaire d'Esculape et de Vulcain, et qui ont un inté
rêt tout particulier, on peut dire topique.

LES TABLEAUX

La Chapelle de l'Etablissement renferme quelques
toiles de maitres.

COLLECTIONS D'HISTOIRE NATURELLE

Ces collections ne comprennent que des produits
du Dauphiné, elles sont certainement intéressantes
pour les personnes qui s'occupent d'histoire natu
relle.

PROMENADES et EXCURSIONS

Uriage est très bien situé, soit pour les prome
nades rapprochées, soit pour les excursions plus ou
moins lointaines, dont l'usage modéré peut sou
vent favoriser le traitement thermal.

Les villages de Saint-Martin (40 min.), de
Saint-Nizier (1 h.) et de **Pinet** (1 h. 1/2) dépen
dant tous de la commune d'Uriage.

Venon (2 h.), village au nord de Pinet. Vue de Gre
.noble et de la vallée de l'Isère.

Grenoble (1 h.), dont il faut visiter le Musée de peinture, le Muséum, la Bibliothèque, le Musée d'histoire naturelle, le nouveau bâtiment des Facultés, le Palais de Justice, l'église Saint-André. où se se trouve le tombeau de Bayard, la crypte romane de Saint-Laurent, la Bastille (panorama des Alpes).

La Tronche, à 20 min. de Grenoble. — Vierge de la délivrance, par Hébert.

Sassenage (à 40 minutes de Grenoble). Cuves et galeries naturelles dans le rocher. Visiter le château de Sassenage.

Le village de Vaulnaveys (30 minutes.)

Villeneuve (45 min.), autre dépendance d'Uriage, et la montagne des Quatre-Seigneurs (2 h.). En revenant, visiter le château d'Herbeys (3 h.), ancienne résidence des évêques de Grenoble.

Montchaffrey (2 h.). — Au-dessus de Vaulnaveys, sur la rive gauche du torrent de Prémol et presque en face des ruines de l'ancienne abbaye. On suit la grande route jusqu'à Vaulnaveys ; en quittant ce village, on prend une route à gauche qui monte en lacets à travers la forêt.

Bellevue (1 h. 1/2). Eminence près de Brié, d'où l'on a le panorama des vallées de la Gresse. du Drac et des Alpes. (En voiture jusqu'à Brié.)

Vizille (1 h.) avec son château bâti par le connétable de Lesdiguières, son parc et ses sources abondantes. Le château est ouvert au public le mardi, jeudi et samedi.

Séchilienne (2 h.). Château, jet d'eau, cascades.

Ascension du Taillefer par Saint-Barthélemy et la Morte (une journée).— Lac du Porcelet. lac Noir.

Laffrey (3 h.), célèbre par ses quatre lacs.

Le Pont-de-Claix (de 4 à 5 h.). Y aller par Vizille et la route des Etroits et revenir par Grenoble.

Quatre-Seigneurs, retour par le Mûrier, La Galochère et Gieres (3 h. 1/2 la course complete).

Le Mûrier (2 h.). Cottage au-dessus de Gières, sur le versant septentrional de la montagne des Quatre-Seigneurs. — De la terrasse, comme d'un promontoire avancé, vue sur tout le cours de l'Isère, les montagnes d'Uriage, la cascade de l'Oursiere, Chamrousse, etc.

Le château de Franquières, situé à Biviers. remarquable par ses ombrages et la vue sur la vallée du Graisivaudan.

Toutes ces courses peuvent se faire en voiture.

Prémol (2 h.) et sa Chartreuse en ruine. — Monter jusqu'à la croix de Séchilienne (1 h.). et de là aux pâturages de l'Arselle et de Gaudet (1 h.). d'où l'on a une échappée sur les glaciers de la Grave (âne ou mulet).

Le Marais (1 h. 1/2). petite ferme de montagne, au pied des sapins. et, plus haut. chalet de berger, la Balme (2 h.). (Ane ou mulet.)

Chamrousse (6 h.), dont le sommet. surmonté d'une croix, s'éleve à 2,250 mètres au-dessus du niveau de la mer. La vue y est immense : elle s'étend, d'un côté, jusqu'aux plaines du Lyonnais. et, d l'autre, s'arrête sur la grande chaine des Alpes, couronnée de ses glaciers et de ses neiges éternelles. — Station au chalet de Roche-Bérenger, deux heures avant d'arriver à Chamrousse (1,700 mètres), où l'on trouve à déjeuner. (Ane ou mulet.)

Rocher de la Botte (1,600ᵐ), à 78 minutes à l'est de Chamrousse.

Le lac Robert (1 h.), au-dessous de Chamrousse, dans une position des plus sauvages. (Ane ou mulet.)

La Cascade de l'Oursière (3 h.), tombant de 125 mètres de hauteur. (Ane ou mulet.)

Châlet de la Pra. — Uriage, village de Saint-Martin, chàlet des Seiglières, cascade de l'Oursière (3 h.), de là au châlet-hôtel de la Pra, relié au réseau télégraphique par un téléphone (3 h.). De la Pra, on peut faire un certain nombre d'excursions intéressantes : Croix de Belledonne, Grande-Lance de Domène (2.833ᵐ), très beau panorama, le Cotan, la Grande-Vaudaine, les glaciers de Freydane, le Lac-Blanc, etc.....

Les Ruines du château de Revel (2 h.), revenir par Domène (5 h.), où il existe des restes d'un prieuré de Bénédictins. (Ane ou mulet.)

Le tour complet des montagnes d'Uriage peut se faire, soit en passant par Prémol, la Roche-Bérenger, Chamrousse, le lac Robert, et la Cascade de l'Oursière, en 10 à 12 heures, repos compris, soit en passant par la Balme, la Roche-Bérenger, le lac Robert, l'Oursière, 8 à 10 heures.

Combeloup (2 h.). crête boisée parallèle à la vallée du Graisivaudan. sur laquelle on plonge par de larges échappées. (Ane ou mulet.)

D'Uriage à Briançon. La course peut se faire en voiture jusqu'à Briançon. et retour par le chemin de fer de Gap. C'est une course de trois jours :

D'Uriage à Vizille. 9 kil. : de Vizille à Séchilienne, 8 kil.; de Séchilienne au Bourg-d'Oisans, 27 kil. (729m).

Le Bourg-d'Oisans. On travaille. en ce moment. à établir un tramway à vapeur entre Grenoble et le Bourg-d'Oisans. qui passera par Gieres, Uriage et Vizille. Ce tramway sera terminé dans le courant de cet été.

C'est un centre de courses dans le Haut-Dauphiné : du Bourg-d'Oisans à la Bérarde — Chalet-Hôtel — (1,738m). par Venosc jusqu'à Bourg-d'Arud, en voiture, de là à Saint-Christophe et à la Bérarde, chemin muletier (environ 5 h.); Tête de la Maye (2,522m), montée (2 h.); tres belle vue de glaciers et vue sur la Barre-des-Ecrins (4.103m) et tout le massif du Pelvoux ; de Saint-Christophe on peut se rendre au glacier du Mont-de-Lans, prévenir d'avance pour des mulets.

La Grave (du Bourg-d'Oisans, 25 kil.). D'Uriage course de deux jours, aller et retour en voiture. Course sur le glacier de la Grave (1 h.). De la Grave, on voit le pic de la Meije (3,987m) appartenant au massif du Pelvoux.

Pour les courses du Haut-Dauphiné, consulter le *Guide Joanne* et le *Guide du Haut-Dauphiné*, par Coolidge, H. Duhamel et F. Perrin.

Le Lautaret (2,057ᵐ). Point le plus élevé de la route de Vizille à Briançon, célebre par la variété de sa flore alpestre.

Briançon (1.371ᵐ). Place forte de premier ordre. Hôtel Terminus.

Pour le retour, on peut prendre le chemin de fer qui passe par Gap, Veynes, Saint-Georges-de-Commiers. Vizille et Uriage (10 h.).

Chemin de fer de Gap. D'Uriage à la gare de Vizille (1 h. de voiture): de Vizille à Luz-la-Croix-Haute (5 h. de chemin de fer). C'est la partie de beaucoup la plus intéressante de la ligne qui franchit la chaine des Alpes : elle rappelle, par la hardiesse de son tracé, les chemins du Sœmmering et du Brenner. La course. aller et retour se fait en un jour.

Chemin de fer de la Mure. Cette ligne se relic à Saint-Georges-de-Commiers, première station apres Vizille. à la ligne de Gap. Elle est tracée à travers une des régions les plus tourmentées des Alpes; elle se recommande à la fois. au point de vue pittoresque et au point de vue de sa construction, à l'attention du touriste et à celle de l'ingénieur. L'établissement thermal de la Motte est situé sur ce chemin de fer.

La meilleure manière de faire cette course est d'envoyer à la Mure la voiture qui vous a conduit à Vizille, et de revenir ensuite par les lacs de Laffrey. 3 h. 1/2. Cette course peut alors se faire entre huit heures du matin et cinq heures du soir. Les personnes qui voudraient revenir par le même

chemin devraient s'arrêter à la Motte-les-Bains ,
où elles déjeuneraient pour reprendre, deux heures
apres, un train qui les ramenerait à Vizille.

La Salette. On peut y aller par le chemin de
fer de Vizille à la Mure : d'Uriage à la gare de Vizille. 1 h. en voiture ; de Vizille à la Mure, 2 h. 17,
en chemin de fer ; de la Mure à Corps, 3 h. 1/2 ; de
Corps à la Salette, 2 h. On peut faire aussi cette
course directement d'Uriage, en voiture, en passant par Vizille, les lacs de Laffrey, la Mure.
Corps et la Salette : 11 h., avec arrêt à la Mure pour
déjeuner.

Les Goulets (Pont-en-Royans). D'Uriage
à Sassenage, 1 h. 1/2 ; de Sassenage au Villard-de-
Lans (1,040ᵐ). en passant par les Gorges-d'Engins.
4 h. Le Villard-de-Lans est le centre d'une vaste
région de forêts et de pâturages. Du Villard-de-
Lans à Pont-en-Royans , les Grands-Goulets. 5
heures; par la vallée de la Bourne. 3 h. Cette course
peut se faire en une journée, à la condition de
prendre a la gare de la Sône la ligne de Valence
à Grenoble. On peut faire aussi la course en sens
inverse; dans ce cas on suit la rive gauche de l'I-
sere, en passant par Sassenage , Vourey, Saint-
Quentin et Pont-en-Royans, 9 h., coucher. Le lende-
main, on prend la route des Goulets, Villard-de-Lans,
Sassenage, etc.

La Grande-Chartreuse (951 m.), par Saint-
Laurent-du-Pont, coucher au couvent ou à Saint-
Pierre-de-Chartreuse, 3 kil. du couvent, retour par
le Sappey. On peut faire la course en un jour.

Aix-les-Bains. 3 h. 1/2 d'Uriage.

Annecy (Gorges-du-Fier). 4 h. d'Uriage. Ligne de Grenoble à Chambéry. Voir l'Indicateur des chemins de fer.

Le château Bayard. lieu de naissance du Chevalier sans peur et sans reproche. sur la ligne du chemin de fer de Grenoble à Chambéry.

D'Uriage à Gieres, 30 min. en voiture.

De Gieres à Pontcharra. par le chemin de fer, 1 h. 12 m.

De Pontcharra au château Bayard, un quart d'heure à pied.

Allevard, établissement thermal et usine métallurgique. Par Gieres, 30 min. environ. et Goncelin. 52 min. en chemin de fer; de cette station à Allevard, 2 h. par la correspondance.

D'Allevard, on peut revenir à Uriage par les *Sept-Laux*. (En voiture jusqu'au Curtillard.) Les Sept-Laux sont situés sur un col allongé, coupé d'une série de petits lacs et situé entre la chaine de Belledonne et celle des Grandes-Rousses, 10 h. à pied. Du Lautaret à Modane, par le col du Galibier, 10 h. en voiture.

Ascension de Belledonne. — Deux pics de ce nom s'élèvent à côté l'un de l'autre : le pic de la Croix (2,981^m) et le Grand-Pic, un peu plus élevé (de 40 mètres environ).

Le premier est d'un abord relativement aisé. et l'on s'y rend par le col de la Pra (de la Pra a la Croix, 5 à 6 h.), où les Touristes peuvent aller coucher à l'hôtel que le Club Alpin a fait construire.

L'ascension du second présente plus de difficultés, bien qu'elle ait été facilitée par des câbles que la Société des Touristes du Dauphiné a fait placer aux passages offrant quelques dangers. — Jusqu'a ce jour il n'a pu être abordé que par son versant oriental.

Les touristes qui voudront en tenter l'escalade devront se rendre à Allemond (3 heures de voiture), ou ils trouveront des guides et des mulets. Coucher au Refuge des Touristes du Dauphiné, au pied du dernier contrefort (4 h.). Course facile jusque-là. Du Refuge au Grand-Pic (3 h.) l'ascension exige une certaine habitude des montagnes et ne peut être entreprise qu'avec l'aide de guides expérimentés.

Descente par la cheminée sur le glacier du Lac Blanc (2 h.), remonter le glacier jusqu'au col de Freydane (30 m.), puis du col à la Pra (1 h. 30 m.); de la Pra à Uriage (3 h. 30 m.).

Glaciers de Freydane. — Première journée d'Uriage à la Pra (6 h.) Coucher à la Pra.

De la Pra aux deux lacs Doménon, du pied du névé de Belledonne aux col et glacier de Freydane (3 h.); traversée du glacier de Freydane et descente par la moraine dudit glacier au lac Blanc (3 h.) ; descente—tres raide—par le rocher Boulon, les éboulis et le mont Saint-Mury au chalet de Pleinet (3 h.); traversée de la forêt de Sainte-Agnès (10 kilometres), coucher à Saint-Mury ; ou bien on peut rentrer à Uriage par la Combe-de-Lancey et Lancey : arrivée probable, 10 h. du soir. On pourrait abréger la course en allant directement du lac Blanc à la Combe-de-Lancey.

Charmant-Som. — Très agréable excursion, facile à faire. même pour des dames. dans le massif de la Chartreuse.

D'Uriage à Proveysieux (voiture. 2 h. 45).

De Proveysieux (mulets ou à pied) au sommet du Charmant-Som. 5 h. 15 m.

Descente du Charmant-Som à Proveysieux, 3 heures.

De Proveysieux à Uriage (voiture. 2 h. 30 min.).

Courses de Prémol. — La Croix de Séchilienne. — Larselle. — Gaudet.

De l'Etablissement aux ruines de la Chartreuse de Prémol, par Belmont. 2 h.

Du couvent à la Croix de Séchilienne. 1 heure.

De la Croix de la prairie de Larselle, 2 h. 1/4.

De Larselle à la vue de la Romanche et retour, 1/2 heure.

De Larselle à la prairie de Gaudet. 1 h. 1/2.

De Gaudet à l'Etablissement, retour par Combe-Noire et Boulou. 2 h.

Pour plus amples renseignements. consulter les uvrages suivants : *Guide du Dauphiné* de Joanne ; our les courses dans la haute montagne, *Guide du aut-Dauphiné* par W.-A.-B. Coolidge. H. Duhamel, '. Perrin ; *Grenoble considéré comme centre d'ex-ursions alpestres* par H. Duhamel; *Excursions en auphiné*. édité par le Syndicat d'initiative de Greoble.

HAUTEUR DE DIFFÉRENTS LIEUX

AU-DESSUS DU NIVEAU DE LA MER

	Mètre
Grenoble	21
Château de Vizille	27
Etablissement d'Uriage	41
Porte du château	50
Allevard	56
Eglise de Villeneuve	59
Col entre Villeneuve et Herbeys	61
Village de Saint-Martin	62
Saint-Pierre-de-Chartreuse	84
Sommet du hameau des Bonnets-Beaux	86
Laffrey	92
Sommet des Quatre-Seigneurs	94
Couvent de la Grande-Chartreuse	95
Combeloup	98
Villard-de-Lans	1.04
Ruines de la Chartreuse de Prémol	1.09
Maison de ferme du Marais	1.11
Glaciers de Freydane (chalet)	1.12
Briançon	1.37
Chalet de l'Oursiere	1.48
La Grave	1.52
Derniers sapins en montant par le couloir au-dessus du Marais	1.60
Prairie au-dessus de l'Oursière	1.61
Fontaine du Recoin, dans la prairie supérieure aux Bois-Noirs	1.72

Village de la Bérarde.......................... 1.766
La Salette (église)............................ 1.800
Chalet de la Roche-Béranger.............. 1.850
Mamelon le plus élevé au-dessus de cette
    prairie, désignée sous le nom de Crest-
    des-Oncles............................... 1.870
Charmant-Som.............................. 1.871
Grand-Som 2.033
Col du Lautaret............................ 2.075
Chalet-Hôtel de la Pra..................... 2.145
Lac Blanc 2.168
Lacs Robert............................... 2.234
Croix de Chamrousse....................... 2.250
Colon..................................... 2.393
Sommet du Glacier de la Bérarde.......... 2.828
Belledonne................................ 2.981
Sommet du Grand-Pelvoux, à l'est de la Bé-
    rarde 4.103

OMNIBUS D'URIAGE-LES-BAINS

ENTREPRISE JOSEPH BASSET

Correspondance du Chemin de Fer

BUREAUX { à URIAGE, dans l'Établ., à l'entrée de la cour.
{ a GRENOBLE, place Grenette, café Moreau.

Cet horaire sera très probablement modifié lors de l'ouverture du Tramway à vapeur.

Du 1er Juin au 1er Septembre

DÉPARTS DE GRENOBLE

MATIN	SOIR
6 h. Courrier.	2 h. Service.
8 h. Service.	4 h. Service.
9 h. 15. Corresp. avec Lyon, Valence, Gap.	5 h 15. Corresp. avec Lyon, Valence, Gap.
12 h. 15 Corresp avec Lyon et Valence.	6 h. Service à partir du 15 juin.

DÉPARTS D'URIAGE

MATIN	SOIR
7 h. Correspondance avec Lyon et Gap.	1 h. 30. Correspondance avec Lyon, Valence.
8 h. 45 Correspondance avec Valence.	3 h. 15. Courr. et Corres. av. Lyon, Valence, Gap.
10 h. 30. Service.	6 h. Service.
12 h. Service	8 h. Service.

PRIX DES PLACES

De Grenoble à Uriage et *vice versa* :

Coupé............ 1 fr. | Intér. et Extér... 75 c.

De la Gare de Grenoble à Uriage et *vice versa* :

Coupé......... 1 fr. 25 | Intér. et Extér.. 1 fr. »

NOTA. -- Les soirs de Bal, le prix des places est de 1 fr. et de 1 fr. 50 le Coupé.

La Gare de Gières est desservie à tous les Trains à l'arrivée et au départ.

PRIX DES PLACES . Coupé, 1 fr. ; Int. et Ext., 0 fr. 75

Les Services de Correspondance avec les Chemins de Fer sont naturellement subordonnés aux modifications que la Compagnie pourrait introduire, pendant la Saison, dans la marche des Trains

AVIS

L'Entrepreneur tient à la disposition des Familles de petits Omnibus particuliers à des prix modérés. — S'adresser, à URIAGE, Bureau des Omnibus, dans la cour de l'Etablissement ; à GRENOBLE, café Moreau, place Grenette.

TARIF DES BAGAGES

De la Gare de Grenoble à Uriage et *vice versa* :

Jusqu'à 10 kilos.. 25 c. ║ Au-dessus de 10 kilos, à raison de 25 c les 10 kilos par fraction indivisible de 10 kilos.

De Grenoble ville et de la Gare de Gières à Uriage et *vice versa* :

Jusqu'à 10 kilos.. 25 c. ║ Au-dessus de 10 kilos, à raison de 20 c. les 10 kilos par fraction indivisible de 10 kilos.

Tout Colis tenu à la main ne payera rien.

L'Entrepreneur se charge du transport des marchandises et finances en grande et en petite vitesse, et prévient MM. les Voyageurs qu'il ne répond que des colis et bagages enregistrés dans ses Bureaux.

Les bagages doivent être rendus trente minutes avant chaque départ.

MESSAGERIES

TARIF DU TRANSPORT DES COLIS EN MESSAGERIE

Jusqu'à 10 kilos.. 30 c. ║ Au-dessus de 10 kilos, à raison de 30 c les 10 kilos par fraction indivisible de 10 kilos.

Tarif des Courses aux Environs d'Uriage

JOSEPH BASSET. ENTREPRENEUR

VOITURES PARTICULIÈRES ET DE PLACE

DESIGNATION des COURSES	Distances en kilomèt.	PRIX DE LA COURSE			
		aller		aller et retour	
		1 chev	2 chev.	1 chev.	2 chev.
	kil.	f. c.	f. c.	f. c.	f. c.
Château d'Uriage........	1	3 »	4 50	4 50	5 30
Saint-Martin-d'Uriage.	2	4 »	5 50	5 »	7 »
Villeneuve............ .	2	4 »	5 50	5 »	7 »
Fort des Quatre-Seigneurs	12	» »	» »	» »	20 »
— retour par le Mûrier .	18	» »	» »	» »	25 »
Vaulnaveys........ .	3	» »	4 »	4 »	5 »
Herbeys (retour par Tavernolles, Vaulnaveys)	20	» »	» »	12 »	16 »
Gare de Gières	7	» »	» »	6 »	10 »
Château d'Herbeys.	6	» »	» »	9 »	12 »
Vizille (Parc, Chât., Fab)	9	» »	» »	8 »	12 »
Domène (Prieuré, Usines)	11	» »	» »	8 »	12 »
Grenoble........ . ..	12	7 »	10 »	8 »	14 »
Gare de Grenoble	14	» »	» »	9 »	15 »
Séchilienne (Château).. ..	17	» »	» »	12 »	18 »
Pont-de-Claix (par Vizille et retour par Grenoble)	40	» »	» »	14 »	22 »
Laffrey Lacs) — (Renfort non compris).	18	» »	» »	15 »	25 »
Sassenage	19	» »	» »	12 »	18 »
Château de Tencin.. ..	26	» »	» »	16 »	25 »
Voreppe (Chalais)	26	» »	» »	18 »	28 »
Village de Livet (Route du Bourg-d'Oisans)	27	» »	» »	16 »	25 »
Le Mûrier.............	12	» »	» »	» »	20 »
Montchaffrey	14	» »	» »	» »	20 »
Pinet d'Uriage	10	» »	» »	10 »	15 »
Champ-Ruti, retour par le Pont-du-Maupas.... .	22	» »	» »	10 »	13 »
Bellevue	10	» »	» »	10 »	15 »
Bellevue, retour par Vizille ou Eybens	24	» »	» »	12 »	20 »
Saint-Martin-d'Uriage, retour par Boulou........	7	» »	» »	6 »	10 »

Observations. — Au-delà d'une heure de séjour,
il y a lieu de payer 1 fr. 50 de supplément pour un
cheval et 2 francs pour deux chevaux par heure. —
En cas de refus (après l'engagement d'une course
quelconque), l'Entrepreneur aura le droit de perce-
voir la moitié du prix convenu.

COURSES DE PLUSIEURS JOURS

Pour les grandes Courses on traite
de gre à gre.

TARIF

DES ANES DE MONTAGNE

Par Heure.

1 Ane (Guide compris) .. .. 1 fr. »

Au-delà de 15 minutes l'heure commencée sera due.

MULETS OU CHEVAUX DE MONTAGNE

Par Heure.

1 Cheval ou Mulet.............. 1 fr. 50

Au-delà de 30 minutes l'heure commencée sera due.

Pour les courses à la journée (ânes, mulets ou
chevaux de selle) on traite de gré à gré.

Tarif spécial pour les Courses ci-après :

	ANES	MULETS
Quatre-Seigneurs...................	4 f. »	6 f. »
Prémol.	4 »	6 »
Oursière (Cascade de l')...........	6 »	8 »
Chamrousse...................	8 »	10 »
Belle-Vue......	4 »	6 »
Le Marais..................	4 »	6 »
Chamrousse (Retour par l'Oursière).	10 »	12 »
Combeloud...................	4 »	6 »
Herbeys....................	3 »	5 »
Vizille.....................	4 »	6 »
Croix de Pinet...	5 »	7 »
Croix de Séchilienne.............	5 »	7 »

NOTA. — Un Guide ne peut conduire plus de cinq ânes, tout Guide pris en supplément sera payé 1 fr. l'heure pour les courses à l'heure; pour les courses d'une journée entière, 8 fr., et pour celles d'une demi-journée, 4 fr.

La Course ne donne droit qu'à une heure d'arrêt.

Tarif des Voitures de Place et de Remise
Pour URIAGE et ses Environs.

Voiture à 1 chev. (à l'heure) de 4 h. à 11 h. mat.   2 f. »
—   —   de 11 h. m. à 10 h. s.   2 50
Voiture à 2 chev. (à l'heure) de 4 h. à 11 h. mat.   2 50
—   —   de 11 h. m. à 11 h. s.   3 50

Lorsqu'un cocher aura été pris à l'heure, le prix total de la première heure lui sera dû, lors même qu'il n'aura pas été employé pendant l'heure entière. — Pour les heures suivantes, le prix sera réglé par demi-heure, proportionnellement au prix fixe sur ce Tarif.

NOTA. — Les Voitures à l'heure n'iront qu'à trois kilomètres du point de départ.

GRAND RESTAURANT

ET

HOTEL MONNET

A URIAGE

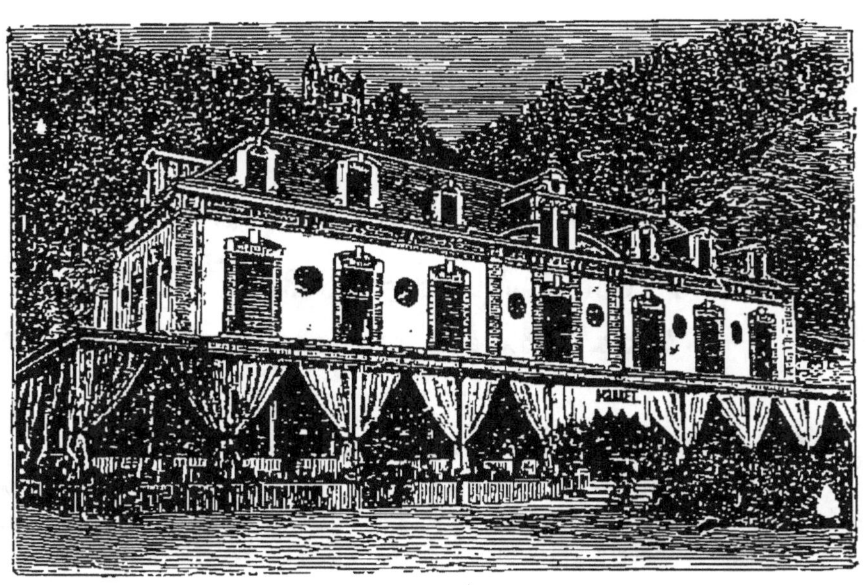

PRÈS L'ANCIEN HOTEL

Le Restaurant MONNET, fondé en 1846, se recommande par son confortable et par les soins attentifs de son personnel, aux Familles qui ont leurs Appartements dans les Hôtels meublés de l'Etablissement.

HOTEL MONNET

A GRENOBLE, PLACE GRENETTE

M. TRILLAT, Successeur

Membre du Club-Alpin français
Correspondant de l'Agence COOK

Cet Hôtel, situé au centre de la ville, vient d'être considérablement agrandi et remis à neuf.

On y trouve tout le confortable et les soins qu'on est en droit d'exiger dans un établissement de premier ordre.

SALONS POUR FAMILLES — SERVICE PARTICULIER

Table d'Hôte à 11 heures et à 6 heures

M. TRILLAT vient de joindre à l'**Hôtel MONNET** un **Restaurant, rue Bressieux, 3**. Il sert, dans ce Restaurant, des Déjeuners et des Dîners depuis **2 fr. 50**.

N. B. — MM. les Touristes trouveront à l'Hôtel MONNET, à Grenoble, ainsi qu'au Restaurant MONNET, à Uriage, les renseignements précis pour les excursions.

URIAGE-LES-BAINS

GRAND RESTAURANT

DU

CERCLE

CAVE TRÈS BIEN FOURNIE

TABLE D'HOTE

Restaurant à la Carte et à prix fixe

HOTEL DE PARIS

MEUBLÉ, RÉPARÉ A NEUF

Joseph BONNET

CHAMBRES, APPARTEMENTS

Pour Familles

VUE SUR LE PARC DE L'ÉTABLISSEMENT

URIAGE-LES-BAINS (Isère)

URIAGE

HOTEL REYMOND

VUE SPLENDIDE

CHAMBRES MEUBLÉES

Café de premier ordre dans l'Etablissement

RESTAURANT

A la Carte et à Prix fixe

VIEILLE CAVE. — PRIX MODÉRÉS

URIAGE-LES-BAINS

—

GRAND

HOTEL DU ROCHER

PLATEL AINÉ

AU CENTRE DE L'ÉTABLISSEMENT

Considérablement agrandi et meublé à neuf

GRANDS ET PETITS

APPARTEMENTS POUR FAMILLE

TABLE D'HOTE DE 150 COUVERTS

A 10 HEURES ET A 5 HEURES

Restaurant à la Carte et à Prix fix

GRAND SALON DE MUSIQUE

Petits salons pour Familles

Pharmacie des Eaux d'Uriage

F. GUILLERMOND, pharmacien

Enumération de que ques-uns des produits spéc'aux a la Pharmacie d'Uriage, et qui sont un puissant adjuvant du traitement balnéaire d'Uriage.

Vin tonique et amer de gentiane. — Vin de quinquina dosé. — Sirop de Portal préparé à froid. — Aconit des Alpes. — Sirop balsamique aux bourgeons frais de sapin des montagnes d'Uriage — Arnica des Alpes. — Beaume dentaire d'Uriage — Glycérine anglaise neutre. — Liqueur balsamique au Goudron des Alpes. — Elixir dentaire d Urage, etc., etc.   Pommade anti dartreuse aux sels d'Uriage. — Liqueur anti-pelliculaire au soufre naissant des Eaux d Uriage.

Dépôt a la Pharmacie d'Uriage : Remise pour ses produits.

EAUX MINERALES

VILLA GUILLERMOND

Avec Cuisine, pour Familles.

URIAGE-LES-BAINS

HOTEL BASSET

TABLE D'HOTE

SERVICE A LA CARTE

VILLA MEUBLÉE INDÉPENDANTE

avec Jardins, pour Familles

Location de CHEVAUX et VOITURES

URIAGE-LES-BAINS

HOTEL DU NORD

Tenu par **L. GAUCHET**, propriétaire.

Cet Hôtel, admirablement situé dans le Parc de l'Etablissement, vient d'être reconstruit et complètement meublé à neuf.

GRANDS ET PETITS APPARTEMENTS
pour familles

Table d'Hôte à 10 heures et à 5 heures

RESTAURANT
A LA CARTE ET A PRIX FIXE

Le propriétaire a apporté tout le confortable désirable et fera tous ses efforts pour satisfaire sa clientèle.

CAFÉ, THÉ, CHOCOLAT & RAFRAICHISSEMENTS
PRIX MODÉRÉS

Anes et **Mulets** pour **Courses** de **Montagnes.**
GUIDES RECOMMANDÉS
Remise et Ecurie particulières pour chevaux de Maître

URIAGE

HOTEL DES THERMES

HOTEL MEUBLÉ

Tenu par PRINCE, propriétaire

Cet Hôtel- considérablement agrandi, se recommande à MM. les Beigneurs par sa situation et sa vue.

Grands et Petits Appartements pour Familles

avec Cuisines particulières ou communes

VILLA DES THERMES DÉPENDANT DE L'HOTEL

URIAGE-LES-BAINS

VILLAS SERRET

TENUES PAR

P. SERRET, propriétaire

Se recommandent par leur vue splendide sur l'Etablissement et les montagnes.

GRANDS

APPARTEMENTS MEUBLÉS

avec Cuisines

POUR FAMILLES

URIAGE-LES-BAINS

HOTEL ET PAVILLON
DU
LOUVRE

TENU PAR

GERBETANT, propriétaire

Cet Hôtel se recommande aux Etrangers par sa position magnifique dans un petit Parc, son confortable et les soins assidus apportés au service.

APPARTEMENTS POUR FAMILLES
Salons de Familles et de Société.

Table d'Hôte à 10 heures et à 5 heures
Service particulier.

Omnibus desservant l'Etablissement,
sans frais, à volonté.

GRENOBLE

RESTAURANT DU LOUVRE
RUE DE BONNE

URIAGE-LES-BAINS

HOTEL MEUBLÉ DELMÉNIQUE

PROPRIÉTAIRE

Cet Hôtel se recommande aux Baigneurs par sa situation
et sa vue.

APPARTEMENTS POUR FAMILLES

AVEC CUISINES PARTICULIÈRES ET COMMUNES

VILLA DELMÉNIQUE DÉPENDANT DE L'HOTEL

URIAGE-LES-BAINS

CHALET COCHIN
ET
VILLA DES FLEURS

P. PUISSANT

PROPRIÉTAIRE

Ce Chalet et cette Villa, placés au centre d'un
magnifique jardin clos, se recommandent aux
familles par sa situation exceptionnelle.

URIAGE-LES-BAINS

VILLA BELLEVUE

Etienne JANOT

PROPRIÉTAIRE

APPARTEMENTS MEUBLÉS

CUISINES POUR FAMILLES

URIAGE-LES-BAINS

VILLAS BERTRAND

PROPRIÉTAIRE

APPARTEMENTS POUR FAMILLES

AVEC CUISINES

PARTICULIÈRES ET COMMUNES

URIAGE-LES-BAINS

RESTAURANT SAINT-GEORGES

tenu par

FERRAT-FIAT (Henri)

Propriétaire

PRIX TRES MODERES

VOITURE A VOLONTÉ

SAINT-MARTIN-D'URIAGE

Hôtel Restaurant des Touristes

J. MURIENNE

propriétaire

Constructeur du Chalet refuge de la Pra.

Cet Hôtel, très bien situé, se recommande par son confortable à MM. les Etrangers et Touristes.

CHAMBRES MEUBLEES ET SALONS PARTICULIERS

PRIX MODÉRÉS

ENCADREMENTS & DORURE

FENOGLIO

GRENOBLE, 11, rue Bayard, GRENOBLE

Articles de peinture à l'huile, Aquarelle et *Photo-Miniature*. — Gravures et Photographies de Goupil et Braun. — Photographies du Dauphiné. — Christs en ivoire. — Modèles pour peinture sur porcelaine et pour dessins. — Porte-cartes photographiques en tous genres. — Couleurs et toiles pour peinture. — Imitation des tapisseries anciennes et modernes. — Verni Martin et Barbotine.

Couleurs vitrifiables (Lacroix) préparées en tubes ou en poudre pour la peinture sur porcelaine, faïence, biscuit et verre. Crayons vitrifiables pour dessin sur verre dépoli et biscuit.

Cuisson au grand four, feu de moufle et vente du *Pyro-fixateur*, pour la cuisson chez soi.

Verres à vitre, Glaces et Globes pour pendules, etc.

Vitraux d'art pour églises et appartements, avec sujets divers, entourage verre anglais ou verre uni.

Modèles et Outils pour Découpage

TOILES

FABRIQUE ET BLANCHISSERIE

POULET-JALLIFFIER

Angle des rues Vicat et du Lycée

EN FACE DE LA HALLE

GRENOBLE

Produits Chimiques et Pharmaceutiques

PEINTURE ET TEINTURE

E. PATRE

DROGUISTE

GRENOBLE, place aux Herbes, GRENOBLE

Dépôt spécial du

BRILLANT FLORENTIN

Pour l'entretien et la mise en couleur des parquets

IMPRIMERIE

TYPOGRAPHIQUE ET LITHOGRAPHIQUE

Fondée en 1791

GABRIEL DUPONT

GRENOBLE, rue des Prêtres, GRENOBLE

(TÉLÉPHONE)

TABLEAUX POUR HÔTELS — MENUS
IMPRESSIONS OR ET COULEURS
BROCHURES — AFFICHES DE TOUS FORMATS
REGISTRES — EN-TÊTES DE LETTRES — MANDATS
ETC., ETC.

Cartes de Visite depuis 1 fr. 50 le cent

TABLE DES MATIÈRES

HOTELS

INDUSTRIE

1529. — Grenoble, impr. G. DUPONT, rue des Prêtres, 1.

PRIX DE L'EAU D'URIAGE

Le Litre, verre compris............ 60 c.
Le Demi-Litre, verre compris.... 40
Le Quart de Litre, id. 30

Emballage en plus.

REMISE
AUX ACHETEURS DÉPOSITAIRES

L'Eau est vendue prise à la source. Port à la charge des acheteurs.

Néanmoins, les expéditions de cinq caisses seront livrées en gare de Gières.

Il faut, du reste, 500 kilos pour profiter du tarif spécial des chemins de fer.

Il y a donc toujours grand avantage à recevoir au moins cinq caisses de 50 litres à la fois.

ADRESSER TOUTES LES LETTRES
Demandes de Renseignements ou Expéditions d'Eau
AU DIRECTEUR DE L'ÉTABLISSEMENT
à URIAGE (Isère).

L'EAU D'URIAGE A DOMICILE

L'heureuse composition des **E A U X d'URIAGE,** leur stabilité, leur qualité **d'Eau sulfureuse purgative,** permettent d'espérer, loin de la source, la plupart des résultats obtenus à l'Etablissement.

Embouteillées avec soin, elles se conservent longtemps, sans subir la moindre altération.

C'est ce qui explique le progrès constant de la vente en bouteilles.

A DOMICILE

L'Eau d'Uriage est utilisée en **Boisson, Lotions et Pulvérisation.**

Elle s'expédie en litres, 1/2 litres et 1/4 de litres, par caisse de **10** litres ou **20** 1/2 litres.

20	—	40	—
30	—	60	—
50	—	100	—

\-

L'Eau Minérale d'URIAGE se vend dans toutes les Succursales de la Compagnie de Vichy, et chez les principaux marchands d'Eaux minérales et Pharmaciens de France et de l'Etranger.

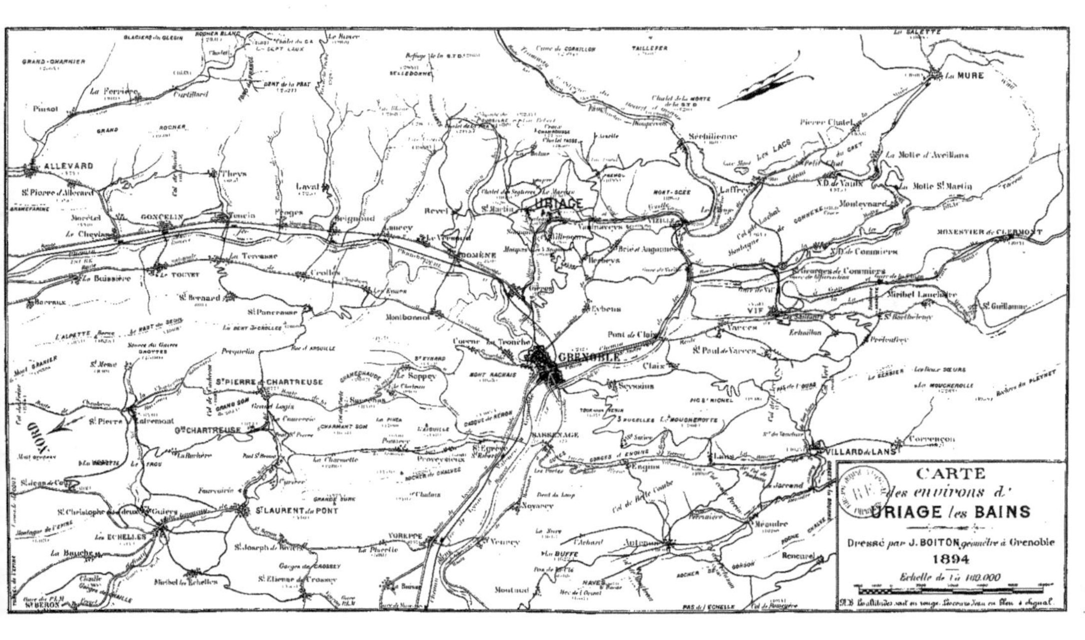

CARTE
des environs d'
URIAGE les BAINS
Dressé par J. BOITON, géomètre à Grenoble
1894
Echelle de 1 à 100.000